Deepak Chopra

VIAJE HACIA EL BIENESTAR

Deepak Chopra es autor de más de cincuenta libros traducidos a más de treinta y cinco idiomas, entre los que se encuentran numerosos bestsellers de *The New York Times*, tanto de ficción como de no ficción.

www.deepakchopra.com

VIAJE HACIA
EL BIENESTAR

VIAJE HACIA EL BIENESTAR

Despierte la sabiduría que hay en usted

Deepak Chopra

Traducción de Gabriel Zadunaisky

VINTAGE ESPAÑOL
Una división de Random House LLC
Nueva York

PRIMERA EDICIÓN VINTAGE ESPAÑOL, DICIEMBRE 2013

Copyright de la traducción © 2013 por Gabriel Zadunaisky

Información de catalogación de publicaciones disponible en la
Biblioteca del Congreso de los Estados Unidos.

Vintage ISBN: 978-0-345-80530-0

Para venta exclusiva en EE.UU., Canadá, Puerto Rico y Filipinas.

www.vintageespanol.com

Impreso en los Estados Unidos de América
10 9 8 7 6 5 4 3 2 1

Mi agradecimiento especial a Henry Bloomstein por su hábil ayuda en la compilación de las selecciones para este libro.

*L*as revelaciones son visiones interiores y cambian nuestras vidas. La mente cósmica nos susurra en los espacios silenciosos entre nuestros pensamientos y hay un repentino saber que nos transforma. Las visiones son mutaciones en conciencia que pueden cambiar radicalmente nuestros cuerpos físicos y alterar nuestra experiencia del mundo. Cuando nos llega una visión no es verbal, no está estructurada lingüísticamente, es una sensación de conocimiento repentino y es liberador, porque sin palabras sabemos que es verdad. Luego, este conocimiento se pone en palabras y las palabras refuerzan el conocer que ya ha ocurrido. Espero que las palabras expresadas en las siguientes páginas le recuerden la verdad que ya le es conocida.

VIAJE HACIA
EL BIENESTAR

I

*L*a salud perfecta, pura
e invencible es un estado
que hemos perdido. Si lo
recuperamos, recuperamos
el mundo.

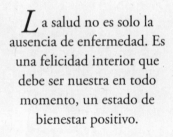

L a salud no es solo la
ausencia de enfermedad. Es
una felicidad interior que
debe ser nuestra en todo
momento, un estado de
bienestar positivo.

*E*l mecanismo de curación de nuestro interior se corresponde perfectamente con el exterior. El cuerpo humano no se ve como un verde prado, pero las brisas, las aguas cantarinas, la luz solar y la tierra, meramente fueron transformadas en nosotros, no olvidadas.

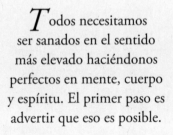

*T*odos necesitamos
ser sanados en el sentido
más elevado haciéndonos
perfectos en mente, cuerpo
y espíritu. El primer paso es
advertir que eso es posible.

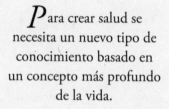

*P*ara crear salud se
necesita un nuevo tipo de
conocimiento basado en
un concepto más profundo
de la vida.

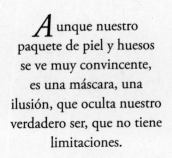

A unque nuestro
paquete de piel y huesos
se ve muy convincente,
es una máscara, una
ilusión, que oculta nuestro
verdadero ser, que no tiene
limitaciones.

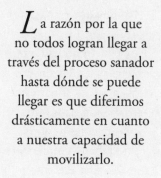

L a razón por la que
no todos logran llegar a
través del proceso sanador
hasta dónde se puede
llegar es que diferimos
drásticamente en cuanto
a nuestra capacidad de
movilizarlo.

*H*ay cosas que no requieren trabajo, y la sanación es una de ellas. No hay que trabajar para lograr una mente en silencio; no hay que trabajar para encontrar viejas heridas. Todas estas cosas están dadas una vez que se las destapa. El destapado comienza donde usted está ahora, pero la meta es siempre la misma: la revelación de la integridad que une el cuerpo, la mente, y el espíritu como uno solo.

II

L a salud y la enfermedad
están conectadas como
variaciones de una melodía.
Pero la enfermedad es una
variación equivocada, una
distorsión del tema.

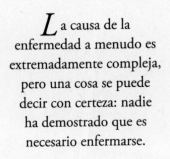

*L*a causa de la
enfermedad a menudo es
extremadamente compleja,
pero una cosa se puede
decir con certeza: nadie
ha demostrado que es
necesario enfermarse.

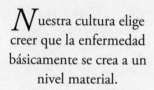

*N*uestra cultura elige
creer que la enfermedad
básicamente se crea a un
nivel material.

*L*a materia es un momento cautivo en el espacio y el tiempo, y por ver el mundo y el Universo de modo materialista, hacemos que los aspectos cautivos del Universo adquieran demasiada importancia.

*C*ualquier dolor o
enfermedad que tenemos
es como una isla de
incomodidad, porque en
comparación a cualquier
enfermedad, nuestra
conciencia saludable es
grande como un océano.

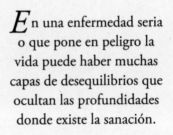

*E*n una enfermedad seria
o que pone en peligro la
vida puede haber muchas
capas de desequilibrios que
ocultan las profundidades
donde existe la sanación.

III

*V*ivir sin amor,
compasión u otro valor
espiritual crea un estado de
desequilibrio tan severo que
cada célula ansía corregirlo.
En última instancia es eso
lo que ocurre al enfermarse:
el cuerpo está enviando
un mensaje de que algo
que falta en el presente
–un desequilibrio que
existe en alguna parte– ha
dado lugar a síntomas
físicos altamente visibles,
indiscutibles.

IV

*A*ntes del arte
de la Medicina
viene el arte de creer.

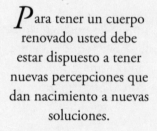

*P*ara tener un cuerpo
renovado usted debe
estar dispuesto a tener
nuevas percepciones que
dan nacimiento a nuevas
soluciones.

*S*omos las únicas criaturas
de la Tierra que podemos
cambiar nuestra biología
con lo que pensamos y
sentimos.

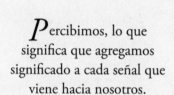

*P*ercibimos, lo que
significa que agregamos
significado a cada señal que
viene hacia nosotros.

*L*a percepción es el
primer paso y el más
importante para convertir
los datos primarios del
Universo en realidad.

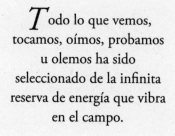

*T*odo lo que vemos,
tocamos, oímos, probamos
u olemos ha sido
seleccionado de la infinita
reserva de energía que vibra
en el campo.

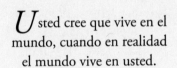

*U*sted cree que vive en el
mundo, cuando en realidad
el mundo vive en usted.

*R*ecuerdo la vista fascinante de un cuidador de abejas que se introdujo en medio del enjambre de abejas y al abrir suavemente la reina en sus manos, movió todo el panal, un globo viviente de insectos suspendido en el aire. ¿Qué estaba moviendo? No había una masa sólida, solo una imagen de vida que revoloteaba, se lanzaba, cambiaba permanentemente, centrada en un solo punto focal. El enjambre es una ilusión de forma detrás de la cual la realidad es el puro cambio. Así somos. Somos un enjambre de moléculas que merodean un centro invisible.

*L*a realidad existe porque
estamos de acuerdo en
que es así. Cuando
la realidad se modifica,
el acuerdo cambia.

*S*i usted analiza de cerca su propia vida, advertirá que envía señales a su cuerpo que repiten los mismos viejos temores y deseos, los mismos viejos hábitos de ayer y antes de ayer. Por eso se queda con el mismo viejo cuerpo de siempre.

*E*l punto que
Arquímedes buscaba –un
lugar donde pararse para
mover el mundo– existe
en realidad. Está dentro
de nosotros, oculto por la
película fascinante pero
equívoca del estado
de vigilia.

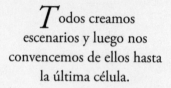

*T*odos creamos
escenarios y luego nos
convencemos de ellos hasta
la última célula.

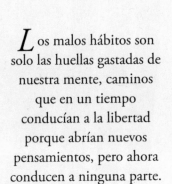

*L*os malos hábitos son
solo las huellas gastadas de
nuestra mente, caminos
que en un tiempo
conducían a la libertad
porque abrían nuevos
pensamientos, pero ahora
conducen a ninguna parte.

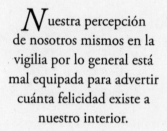

*N*uestra percepción
de nosotros mismos en la
vigilia por lo general está
mal equipada para advertir
cuánta felicidad existe a
nuestro interior.

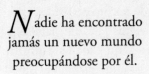

*N*adie ha encontrado
jamás un nuevo mundo
preocupándose por él.

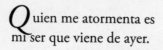

*Q*uien me atormenta es
mi ser que viene de ayer.

*E*n vez de
crear enfermedad
conscientemente,
podríamos estar creando
salud conscientemente.

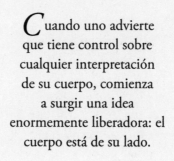

*C*uando uno advierte
que tiene control sobre
cualquier interpretación
de su cuerpo, comienza
a surgir una idea
enormemente liberadora: el
cuerpo está de su lado.

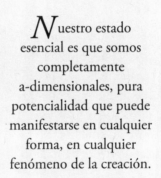

*N*uestro estado
esencial es que somos
completamente
a-dimensionales, pura
potencialidad que puede
manifestarse en cualquier
forma, en cualquier
fenómeno de la creación.

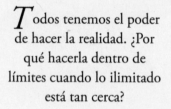

*T*odos tenemos el poder de hacer la realidad. ¿Por qué hacerla dentro de límites cuando lo ilimitado está tan cerca?

*M*i dura creencia de
que la vida es impiadosa,
como la rueda de un
molino que imparcialmente
muele nuestro nacimiento
y muerte, desaparece. Ver
las cosas de ese modo es
aceptar la apariencia y no
la esencia. Si uno mira
más de cerca, el mundo se
ve mucho más como un
deseo, un gran deseo que
se hace realidad a nuestro
derredor, con nuestros
propios sueños y deseos
entretejidos en él.

V

*L*a materia y la energía
van y vienen, con una
existencia que titila como
bichitos de luz, pero todos
los eventos están unidos y
ordenados por la profunda
inteligencia que atraviesa
todo.

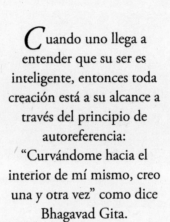

*C*uando uno llega a entender que su ser es inteligente, entonces toda creación está a su alcance a través del principio de autoreferencia: "Curvándome hacia el interior de mí mismo, creo una y otra vez" como dice Bhagavad Gita.

*I*mpulsos de inteligencia
crean su cuerpo en nuevas
formas a cada segundo.
Usted es la suma total de
esos impulsos, y cambiando
sus patrones, usted
cambiará.

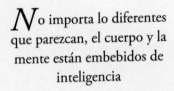

*N*o importa lo diferentes
que parezcan, el cuerpo y la
mente están embebidos de
inteligencia

*C*omo declaran los versos védicos: "La inteligencia interior del cuerpo es el genio último y supremo de la naturaleza. Refleja la sabiduría del cosmos". Este genio está dentro de usted, es parte de su plano interior que no puede ser borrado.

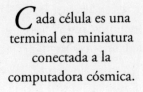

*Cada célula es una
terminal en miniatura
conectada a la
computadora cósmica.*

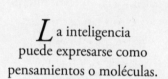

*L*a inteligencia
puede expresarse como
pensamientos o moléculas.

*P*ensar es formar
patrones en nuestro interior
que son tan complejos,
pasajeros y ricos en su
diversidad como la realidad
misma. Pensar es nada
menos que nuestro espejo
del mundo.

*E*star en contacto con
sus necesidades es la
manera más poderosa
de estar en contacto con
la dirección que lleva su
inteligencia interior en
cualquier momento dado.
Esta atención lo hace una
persona consciente, alguien
que está evolucionando,
que nadie puede duplicar
exactamente, ni siquiera los
más grandes maestros.

*D*onde la naturaleza va
a crear estrellas, galaxias,
quarks y leptones, usted
y yo vamos a crearnos a
nosotros mismos.

VI

*T*al como lo ve en este momento, su cuerpo es la imagen física, en 3-D, de lo que piensa.

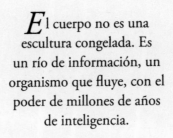

*E*l cuerpo no es una
escultura congelada. Es
un río de información, un
organismo que fluye, con el
poder de millones de años
de inteligencia.

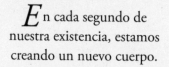

*E*n cada segundo de
nuestra existencia, estamos
creando un nuevo cuerpo.

*H*ace tan solo un
año el 98 por ciento de
los átomos en nuestros
cuerpos no estaban allí.
Es como si viviéramos
dentro de edificios
cuyos ladrillos están
siendo sistemáticamente
removidos y reemplazados.

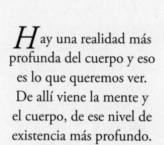

*H*ay una realidad más
profunda del cuerpo y eso
es lo que queremos ver.
De allí viene la mente y
el cuerpo, de ese nivel de
existencia más profundo.

*E*l cuerpo humano
primero toma la forma
de vibraciones intensas
pero invisibles, llamadas
fluctuaciones cuánticas,
antes de proceder a
coaligarse en impulsos
de energía y partículas de
materia.

*U*n quántum, definido
como la unidad básica
de materia o energía es
10.000.000 o 100.000.000
veces más pequeño que
el átomo más pequeño.
A este nivel, en el que la
materia y la energía son
intercambiables comienza
la verdadera sanación.

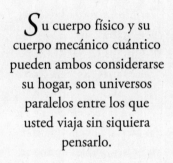

*S*u cuerpo físico y su cuerpo mecánico cuántico pueden ambos considerarse su hogar, son universos paralelos entre los que usted viaja sin siquiera pensarlo.

¿*Q*uién ha logrado fotografiar una posibilidad? Y sin embargo eso es de lo que está hecho el mundo cuántico. Si usted dice una palabra o produce una molécula, ha elegido actuar. Una pequeña ola se alza de la superficie del océano, convirtiéndose en un incidente en el mundo espacio-temporal. Todo el océano permanece como una vasta y silenciosa reserva de posibilidades, de olas por nacer.

*U*n cuerpo que puede "pensar" es muy distinto del que ahora trata la Medicina. Por empezar, sabe lo que le sucede, no solo a través del cerebro, sino en cada lugar donde haya un receptor para moléculas mensajeras, lo que significa dentro de cada célula.

*C*uando usted dice
"tengo una sensación en
las tripas sobre tal cosa",
no habla metafóricamente,
habla literalmente, porque
sus tripas producen
los mismos elementos
químicos que su cerebro
cuando piensa.

*C*ualquier célula, tejido u
órgano es capaz de reclamar
atención y cuando se la
da, comienza el proceso de
sanación.

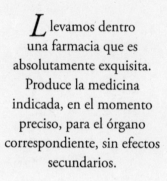

L levamos dentro
una farmacia que es
absolutamente exquisita.
Produce la medicina
indicada, en el momento
preciso, para el órgano
correspondiente, sin efectos
secundarios.

*E*l cuerpo humano se mantiene en equilibrio a través de ritmos y ciclos complejos. Estos biorritmos son nuestro vínculo conector con los ritmos mayores de la Naturaleza: los ciclos de vida inmensamente largos de las estrellas, los flujos y reflujos de los mares del mundo, y la respiración de todos los seres vivientes.

*A*l cruzar del estado de vigilia a estados más elevados de conciencia, el cuerpo sirve como su vehículo; no es un bote que hace agua y que usted espera que lo lleve a destino antes de hundirse. Pero cuando está realmente en sintonía con su cuerpo, se vuelve un maestro y un guía confiable.

VII

La ciencia declara que
somos máquinas físicas
que de algún modo han
aprendido a pensar.
Ahora resulta que somos
pensamientos que han
aprendido a crear máquinas
físicas.

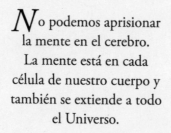

*N*o podemos aprisionar
la mente en el cerebro.
La mente está en cada
célula de nuestro cuerpo y
también se extiende a todo
el Universo.

Su mente le da control,
la capacidad de tener
cualquier reacción que
quiera.

*L*a percepción y la
experiencia son creadas por
la mente: el ojo y lo que ve,
el oído y lo que escucha,
la lengua y lo que gusta,
la nariz y lo que huele, los
nervios y lo que sienten.

*E*l nivel más alto de
creencia sobreviene cuando
la mente contacta su propia
inteligencia como una
experiencia.

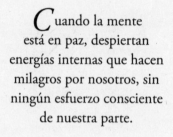

*C*uando la mente
está en paz, despiertan
energías internas que hacen
milagros por nosotros, sin
ningún esfuerzo consciente
de nuestra parte.

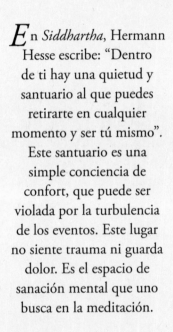

*E*n *Siddhartha,* Hermann Hesse escribe: "Dentro de ti hay una quietud y santuario al que puedes retirarte en cualquier momento y ser tú mismo". Este santuario es una simple conciencia de confort, que puede ser violada por la turbulencia de los eventos. Este lugar no siente trauma ni guarda dolor. Es el espacio de sanación mental que uno busca en la meditación.

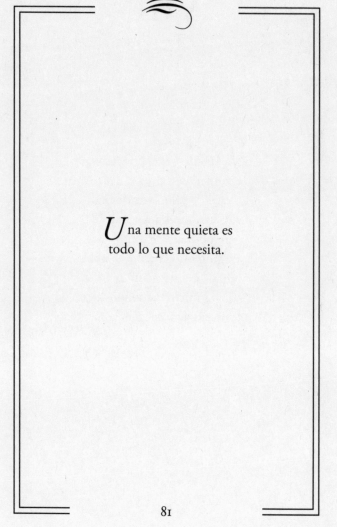

*U*na mente quieta es
todo lo que necesita.

VIII

*D*ebido a que podemos cambiar como azogue, la cualidad fluyente de la vida nos resulta natural. El cuerpo material es un río de átomos, la mente es un río de pensamiento, y lo que los mantiene unidos es un río de inteligencia.

¿*Q*ué es la mente sino la experiencia, el conocedor? ¿Qué es el cuerpo sino lo que se experimenta, lo que se conoce? Si puedo pasar mi atención de uno al otro, entonces debe haber un "Yo" que no está atrapado en el dualismo de mente y cuerpo.

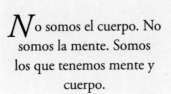

*N*o somos el cuerpo. No somos la mente. Somos los que tenemos mente y cuerpo.

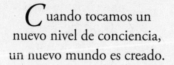

Cuando tocamos un
nuevo nivel de conciencia,
un nuevo mundo es creado.

*L*a conciencia no es más
que la percepción,
el compuesto de todas
las cosas a las que
prestamos atención.

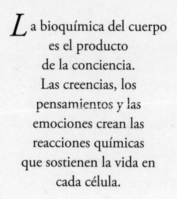

L a bioquímica del cuerpo
es el producto
de la conciencia.
Las creencias, los
pensamientos y las
emociones crean las
reacciones químicas
que sostienen la vida en
cada célula.

*C*uando no mantenemos
la continuidad de nuestra
conciencia, todos caemos
en baches de uno u otro
tipo. Vastas zonas de
nuestra existencia corporal
salen de control, lo que
lleva a la enfermedad, el
envejecimiento y la muerte.

*U*n viejo adagio indio dice: "Si quiere ver cómo eran sus pensamientos ayer, mire su cuerpo hoy. Si quiere ver cómo será su cuerpo mañana, mire sus pensamientos hoy".

*E*l sistema inmunológico
es infinitamente hermoso y
terriblemente vulnerable al mismo
tiempo. Forja nuestro vínculo
on la vida y sin embargo puede
quebrarlo en cualquier momento.
El sistema inmunológico conoce
todos nuestros secretos, nuestras
penas. Sabe por qué una madre
que ha perdido un hijo puede
morir de pena, porque el sistema
inmunológico ha muerto de pena
antes. Conoce cada momento que
un enfermo de cáncer pasa en la
luz del día o la sombra
de la muerte, porque convierte
esos momentos en la realidad
física del cuerpo.

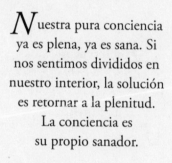

*N*uestra pura conciencia
ya es plena, ya es sana. Si
nos sentimos divididos en
nuestro interior, la solución
es retornar a la plenitud.
La conciencia es
su propio sanador.

*E*n momentos de
silencio, advierta que está
recontactando su fuente de
pura conciencia.

*S*i pudiéramos permitir
a la mente expandirse y
explorar realidades más
elevadas, el cuerpo la
seguiría. ¿No bastaría
eso para salvarlo de la
enfermedad y la vejez?

*A*l volverse consciente
el desdoblamiento
individual, el círculo
de la vida adquiere otra
dimensión. Su sentido
de ser se expande sin
fin a la vista. Más y más
experiencia puede entrar
en la conversación sin fin
que cada uno conduce
con los 50 billones de
células en su cuerpo.

XI

E star vivo es como
una ola que pulsa hacia
arriba de lo invisible a lo
visible, de una región que
los sentidos no pueden
registrar a una que sí
pueden registrar. Cuanto
más uno se acerca a la
fuente invisible, tanto
mayor el poder de sanción.

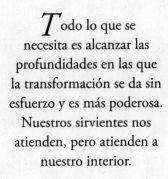

*T*odo lo que se
necesita es alcanzar las
profundidades en las que
la transformación se da sin
esfuerzo y es más poderosa.
Nuestros sirvientes nos
atienden, pero atienden a
nuestro interior.

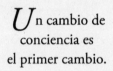

*U*n cambio de
conciencia es
el primer cambio.

*S*i puede atravesar
la máscara de la
enfermedad y contactarse
con su ser interior, aunque
sea unos pocos minutos al
día, dará pasos tremendos
hacia una cura.

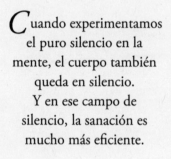

*C*uando experimentamos
el puro silencio en la
mente, el cuerpo también
queda en silencio.
Y en ese campo de
silencio, la sanación es
mucho más eficiente.

*P*uede usar la perspectiva cuántica para ver a su cuerpo como un flujo silencioso de inteligencia, un constante burbujeo de impulsos que crean, controlan y se convierten en su cuerpo físico. El secreto de la vida a este nivel es que *cualquier cosa en su cuerpo* puede cambiarse con apenas una intención.

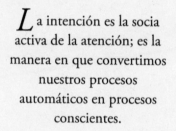

L a intención es la socia
activa de la atención; es la
manera en que convertimos
nuestros procesos
automáticos en procesos
conscientes.

*C*uando
comenzamos a crear
salud, el mundo
impuro erigido por
nuestras mentes se
transforma en una
realidad más elevada, el
mundo del corazón.

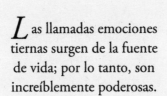

*L*as llamadas emociones
tiernas surgen de la fuente
de vida; por lo tanto, son
increíblemente poderosas.

*N*o puede haber
sanación sin compasión.
Motiva inherentemente al
cuerpo y despierta el deseo
de ponerse bien.

A cualquier nivel en
el que se permite a las
emociones tocarnos, se
restaura la corriente de
vida. No hay nada más
poderoso que eso, porque
la corriente de la vida nos
ha llevado por siempre,
seguros contra todos
los peligros, por miles
de millones de años de
evolución. En su plenitud,
el río de la vida arrasa
con todo lo que halla a su
paso, y los obstáculos más
masivos son arrastrados por
la corriente principal como
charcos estancados que la
marea de lava.

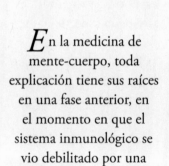

*E*n la medicina de
mente-cuerpo, toda
explicación tiene sus raíces
en una fase anterior, en
el momento en que el
sistema inmunológico se
vio debilitado por una
influencia mental negativa.

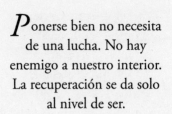

*P*onerse bien no necesita
de una lucha. No hay
enemigo a nuestro interior.
La recuperación se da solo
al nivel de ser.

*S*i el sistema nervioso
se purificara de tensión,
entonces solo expresaría
el ser, que es siempre
soporte de vida porque su
naturaleza es la felicidad.

*E*l ser es profundo, claro,
permanente, siempre igual.

*E*xperimentar la felicidad
a cada hora del día sería
señal de una iluminación
completa, pero incluso
un breve encuentro es
significativo le permite
sentir efectivamente oleadas
de conciencia cuando
surgen del campo del
silencio, cruzan la brecha y
se infunden en cada célula.
Este es el despertar propio
del cuerpo.

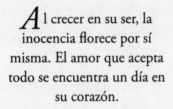

*A*l crecer en su ser, la
inocencia florece por sí
misma. El amor que acepta
todo se encuentra un día en
su corazón.

*C*uando la vida es plena,
es solo amor, y cuando la
conciencia es plena, solo
trae amor. Cada impulso
de inteligencia en nuestra
conciencia inicia su viaje
desde la fuente de vida
como amor y nada más.

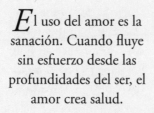

*E*l uso del amor es la
sanación. Cuando fluye
sin esfuerzo desde las
profundidades del ser, el
amor crea salud.

*L*a comprensión y la
experiencia son las dos
piernas de la sanación
que marchan una junto
a la otra. Así el ser que
fue dañado por el temor
descubre, sin tensión ni
presión, el poder reprimido
de la verdad que ha sido
negada por tanto tiempo.

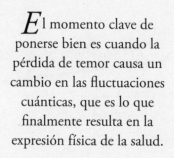

*E*l momento clave de
ponerse bien es cuando la
pérdida de temor causa un
cambio en las fluctuaciones
cuánticas, que es lo que
finalmente resulta en la
expresión física de la salud.

*T*odo temor es de
últimas el temor de la
mortalidad disfrazado, el
temor al cambio.

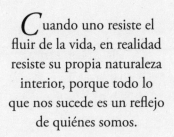

*C*uando uno resiste el
fluir de la vida, en realidad
resiste su propia naturaleza
interior, porque todo lo
que nos sucede es un reflejo
de quiénes somos.

*C*alladamente en su
propio corazón diga que no
quiere tener miedo.

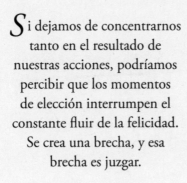

*S*i dejamos de concentrarnos
tanto en el resultado de
nuestras acciones, podríamos
percibir que los momentos
de elección interrumpen el
constante fluir de la felicidad.
Se crea una brecha, y esa
brecha es juzgar.

*L*as intenciones
automáticamente buscan su
cumplimiento si no se les
impide.

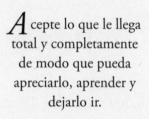

*A*cepte lo que le llega
total y completamente
de modo que pueda
apreciarlo, aprender y
dejarlo ir.

Si el cuerpo, terco y
sólido como aparece,
puede emprender este
viaje, se logrará algo
mucho mayor. Ya no
solo soñaremos con
estar libres de los males
que hereda la carne,
realmente seremos libres,
vestidos de una carne
que se ha vuelto
tan perfecta como
nuestros ideales.

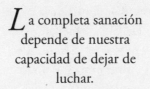

*L*a completa sanación
depende de nuestra
capacidad de dejar de
luchar.

XI

*P*ara curar una enfermedad, tengo que cambiar la memoria celular de la enfermedad y eso proviene de trascender toda emoción, todo pensamiento y volverse testigo silencioso del proceso.

*E*l ser superior es ese
lugar donde todo se
logra haciendo nada. Un
mero deseo se convierte
en el gatillo de la
transformación.

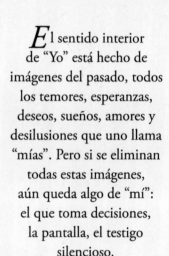

*E*l sentido interior
de "Yo" está hecho de
imágenes del pasado, todos
los temores, esperanzas,
deseos, sueños, amores y
desilusiones que uno llama
"mías". Pero si se eliminan
todas estas imágenes,
aún queda algo de "mí":
el que toma decisiones,
la pantalla, el testigo
silencioso.

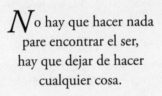

No hay que hacer nada
pare encontrar el ser,
hay que dejar de hacer
cualquier cosa.

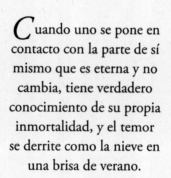

*C*uando uno se pone en contacto con la parte de sí mismo que es eterna y no cambia, tiene verdadero conocimiento de su propia inmortalidad, y el temor se derrite como la nieve en una brisa de verano.

*L*uego de recuperarnos
de una enfermedad, llega
el momento en que la
sensación de estar enfermo
cede su lugar a estar bien.
"Estoy como nuevo",
dice uno y tiene razón:
su cuerpo ha impreso
una nueva creación que
es saludable en vez de
enferma.

*S*er nuevamente uno
con la Naturaleza es vital,
permite que se fundan
la naturaleza interior y
exterior, cicatrizando
una separación
que nunca existió.

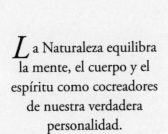

*L*a Naturaleza equilibra
la mente, el cuerpo y el
espíritu como cocreadores
de nuestra verdadera
personalidad.

*E*l plano maestro para
la perfecta salud está en su
interior. *Es* usted.

*T*odos somos distintos porque hemos atravesado distintos jardines y nos hemos arrodillado ante distintas tumbas. Hemos metabolizado cada brizna pequeña de experiencia que hemos tenido y la hemos incorporado a nuestro cuerpo. Al ir ahora a estados de conciencia superiores metabolizamos esas experiencias también. También guardan el conocimiento de realidades más elevadas en forma completa, y están listas para que usted las despliegue.

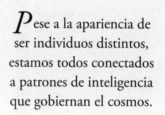

*P*ese a la apariencia de
ser individuos distintos,
estamos todos conectados
a patrones de inteligencia
que gobiernan el cosmos.

*E*n la conciencia común
de la vigilia, uno toca una
rosa con un dedo y la siente
sólida, pero en realidad
un paquete de energía e
información –su dedo– está
contactando otro paquete
de energía e información, la
rosa. Su dedo y la cosa que
toca son solo diminutos
afloramientos del campo
infinito que llamamos
el Universo.

*E*l único absoluto que nos queda es el intemporal, porque ahora advertimos que todo nuestro universo es solo un incidente que surge de una realidad mayor. Lo que percibimos como segundos, minutos, horas, días y años son pedacitos recortados de esta realidad mayor.

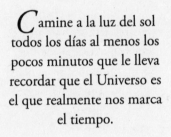

*C*amine a la luz del sol
todos los días al menos los
pocos minutos que le lleva
recordar que el Universo es
el que realmente nos marca
el tiempo.

*L*a conciencia humana
y la conciencia cósmica
son una. El campo danza y
espera que nos sumemos.
Constantemente se dobla y
redobla, como una manta
de lana infinita dando
vueltas en un secador a
velocidad infinita.

*T*odas las
transformaciones
eventualmente llevan
a la misma fuente,
nuestra propia
conciencia pura.

*U*na relación íntima es
la que a uno le permite ser
uno mismo.

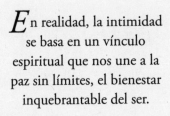

*E*n realidad, la intimidad
se basa en un vínculo
espiritual que nos une a la
paz sin límites, el bienestar
inquebrantable del ser.

*L*a realidad más profunda
de la que uno es consciente
es aquella de la que obtiene
su poder.

*L*a sanación duradera y la
paz duradera solo son reales
al nivel de nuestro ser.

XIII

*L*a gente saludable no
vive en el pasado ni en el
futuro. Vive en el presente,
en el ahora, que da al ahora
un sabor de eternidad
porque no lo cruzan
sombras.

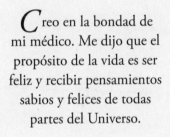

*C*reo en la bondad de
mi médico. Me dijo que el
propósito de la vida es ser
feliz y recibir pensamientos
sabios y felices de todas
partes del Universo.

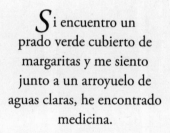

*S*i encuentro un
prado verde cubierto de
margaritas y me siento
junto a un arroyuelo de
aguas claras, he encontrado
medicina.

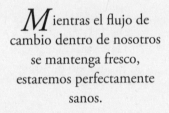

M ientras el flujo de
cambio dentro de nosotros
se mantenga fresco,
estaremos perfectamente
sanos.

*E*l encantamiento es
nuestro estado natural.

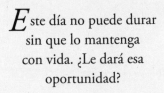

*E*ste día no puede durar
sin que lo mantenga
con vida. ¿Le dará esa
oportunidad?

A tienda a su propia salud y bienestar interior. La felicidad se irradia como la fragancia de una flor y atrae todo lo bueno hacia usted. Permita que su amor alimente su ser tanto como a otros. No se esfuerce por responder a las necesidades de la vida, basta con estar calladamente alerta y consciente de ellas. De este modo, la vida procede de modo más natural y sin esfuerzo. La vida está para disfrutarla.

* * *

E n este libro he buscado seleccionar pensamientos esenciales de mis varios libros y ordenarlos de modo de dar al lector la experiencia de un viaje hacia el bienestar. Espero que este viaje influya en sus percepciones, para liberar mejor las tendencias naturales de su cuerpo a la salud perfecta. Para complementar este texto he agregado las siguientes páginas sobre la meditación, una de las mejores maneras de acceder a nuestra inteligencia interior y experimentar quiénes somos realmente.

MEDITACIÓN

*S*i bien hoy en Occidente la meditación se concibe en términos de manejo del estrés y relajación, su verdadero propósito es espiritual. Los yoguis y videntes que reconocieron inicialmente estas prácticas ya estaban bastante relajados viviendo en sus cuevas en el Himalaya. Meditaban para descubrir su verdadero ser; meditaban para iluminarse.

De todas las experiencias que podemos tener, la experiencia de nuestro ser interior es la más importante. El cuerpo es la experiencia objetiva de nuestras ideas, mientras que la mente es la experiencia subjetiva de ellas. El cuerpo es siempre cambiante, y la mente, con sus pensamientos, sentimientos y deseos, también va y viene. Ambas son experiencias atrapadas en el tiempo y el espacio; no son las que experimentan. El que tiene la experiencia está más allá del tiempo y el espacio, es el que usted realmente es. Es el factor intemporal en toda experiencia atada al tiempo, el que siente detrás de la sensación, el pensador de los pensamientos, el animador de nuestros cuerpos y mentes. Es el alma.

Hoy en día la ciencia nos ha permitido rastrear un pensamiento o una intención un microsegundo después de que sucede, pero todo el equipo científico del mundo no puede decirnos de donde viene el pensamiento o quien lo piensa. No puede encontrar su verdadero ser en su mente o su cuerpo porque simplemente no está allí. Podemos escuchar a Beethoven en la radio, pero no tiene sentido desarmar la radio para encontrar a Beethoven. No está allí. La radio es solo un instrumento que atrapa un campo de información y la convierte en un evento espacio-temporal. De modo similar, su ser real es un campo no localizado de información atrapado en el espacio y el tiempo por el cuerpo y la mente. Su alma, la que elabora los pensamientos, se expresa a través de la mente y el cuerpo pero cuando el cuerpo y la mente son destruidos, a su ser real no le sucede nada. El espíritu incondicional no es energía o materia, está en los espacios silenciosos entre nuestros pensamientos.

Hay un espacio entre cada uno de sus pensamientos donde usted produce sus pensamientos, donde usted tiene capacidad infinita de tomar decisiones. Esta "brecha" entre pensamientos es la ventana a su ser más elevado, la ventana al ser cósmico. Su ser real no puede ser metido en el volumen de un cuerpo o en la extensión de una vida. Es el pensador en el campo de la memoria y la información en el espacio entre pensamientos.

El espacio entre pensamientos es silencioso; es un silencio preñado. Este es un silencio lleno de la posibilidad infinita de pensamientos, un campo de pura potencialidad.

Es el verdadero ser. El pensador es un decisor infinito silencioso que reside al nivel de la "brecha". Su ser real y mí ser real son ambos campos silenciosos de posibilidades infinitas. Las diferencias entre usted y yo son las distintas experiencias posibles que elegimos al nivel de la brecha. La acción crea memoria, la memoria crea deseo, y el deseo reconduce a la acción. Las semillas de nuestras memorias y deseos en la brecha buscan manifestarse a través de los instrumentos de la mente y el cuerpo y crean todo el mundo en el que vivimos.

Nuestra existencia tiene tres niveles: (1) el cuerpo físico, hecho de materia y energía; (2) el cuerpo sutil que comprende la mente, el intelecto y el ego; y (3) el cuerpo causal, que contiene el alma y el espíritu. La práctica de la meditación redirige nuestra conciencia del estado perturbado de conciencia de la mente y el mundo de objetos físicos al estado silencioso, imperturbable de conciencia en el reino del alma y el espíritu. A través de la práctica regular logramos acceso al infinito reservorio de conocimiento, la realidad última de la creación. Tenemos la experiencia de quiénes somos realmente, pura conciencia sin límites. Cuando experimentamos nuestro ser real, restauramos la memoria de la totalidad o de la sanación en nuestras vidas.

Hay muchas formas de meditación. Las prácticas más avanzadas involucran el uso de mantras. Las mantras son sonidos primordiales, los sonidos básicos de la naturaleza, que actúan como instrumentos de la mente, un vehículo para llevar nuestra conciencia del nivel de actividad al nivel del silencio. Las mantras por lo general son elegidos por un instructor capacitado y se enseñan individualmente. En el centro para la Medicina de Mente y cuerpo en San Diego enseñamos la meditación de Sonido Primordial. Hay meditaciones menos específicas pero efectivas. Una de tales prácticas, la Meditación Concentrada, se describe aquí y es una excelente manera de comenzar.

LA MEDITACIÓN CONCENTRADA

La técnica de Meditación Concentrada es un
procedimiento simple de meditación que puede crear un profundo estado de relajación en
su mente y cuerpo. Al aquietar la mente man-
teniéndola despierta experimentará niveles más
profundos, más silenciosos de conciencia.

1.

*Comience por sentarse cómodamente en un
lugar tranquilo donde haya un mínimo de
perturbaciones.*

2.

Cierre los ojos.

3.

*Respire normal y naturalmente y suavemente
permita que su conciencia se concentre en su
respiración. Simplemente observe su respiración,
tratando de no controlarla de ninguna manera
consciente.*

4.

*Mientras observa su respiración, puede notar
que cambia por sí sola. Puede variar en*

velocidad, ritmo, o profundidad, e incluso
puede haber ocasiones en que su respiración
se detiene por un tiempo. No importa lo
que suceda con su respiración, observe
inocentemente sin tratar de causar o iniciar
cualquier cambio.

5.

Encontrará que por momentos su atención se
desvía de su respiración y piensa en otras cosas
o escucha ruidos provenientes de fuera. Cuando
advierta que no está observando su respiración,
suavemente vuelva su atención a la respiración.

6.

Si, durante la meditación, advierte que se está
concentrando en algún sentimiento, estado de
ánimo o expectativa, trátelo como cualquier
otro pensamiento y suavemente regrese su
atención a su respiración.

7.

Practique esta técnica de meditación
por quince minutos.

8.

*Al final de los quince minutos, mantenga los
ojos cerrados y quédese sentado tranquilamente
por dos o tres minutos. Permítase salir de la
meditación gradualmente antes de abrir los ojos
y retomar su actividad.*

* * *

Se recomienda que practique esta técnica
de Meditación Concentrada unos quince
minutos dos veces al día, en la mañana y por la
noche. También puede usar esta técnica unos
pocos minutos durante el día para ayudar a
centrarse si siente molesto o agitado.

* * *

Durante la práctica de la meditación
tendrá una de tres experiencias. Todas estas
son experiencias correctas.

1.

*Puede sentirse aburrido o intranquilo y su
mente puede llenarse de pensamientos. Esto es
indicación que se están liberando de su sistema
tensiones y emociones profundas. Continuando*

*sin esfuerzo su meditación, facilitará la remoción
de estas impurezas de su mente y su cuerpo.*

2.

*Puede dormirse. Si se duerme en una
meditación es una indicación de que necesita
más descanso en otros momentos del día.*

3.

*Puede deslizarse a la "brecha". Cuando el
mantra o el aliento se vuelven muy calmos
y refinados, se desliza a la brecha entre
pensamientos, más allá del sonido, más allá de
la respiración.*

* * *

Si se mantiene descansado, se cuida y toma
el tiempo para dedicarse a la meditación, sin
duda tomará contacto con su ser interior. Se
conectará con la mente cósmica, la voz que
susurra sin palabras en los espacios silenciosos
entre sus pensamientos. Esta es su inteligencia
interior y es el genio último y supremo que
refleja la sabiduría del Universo. Confíe en esta
sabiduría interior y todos sus sueños se harán
realidad.